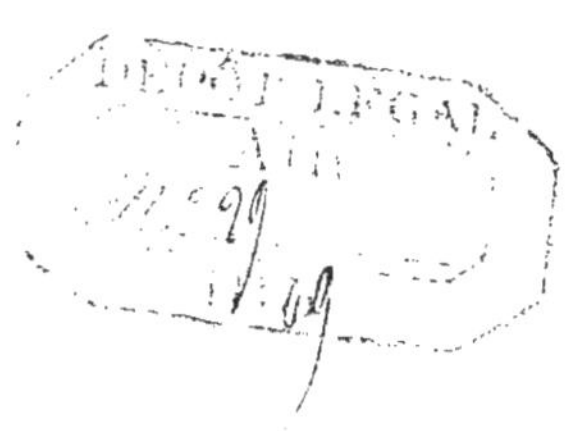

SOUVENIRS

DE LA GUERRE D'ITALIE.

SOUVENIRS

DE

LA GUERRE D'ITALIE

1859-1860

PAR

C.-J. DUFAY

Ex-officier d'administration comptable en retraite,
Chevalier de la Légion-d'Honneur et de l'ordre des Saints Maurice et Lazare.

BOURG,

IMPRIMERIE MILLIET-BOTTIER.

—

1869.

SOUVENIRS

DE LA GUERRE D'ITALIE.

1859 — 1860.

Je vais rappeler la dernière guerre de la France en Italie, cette épopée glorieuse qui a suscité tant d'émotions diverses, défrayé tant de bons esprits, mis en lumière tant d'épisodes intéressants.

Ajouter aujourd'hui de nouvelles pages à celles qui ont été publiées sur le même sujet, paraîtra sans doute une témérité de ma part.

En effet, lorsque les évènements politiques ou autres, se sont accomplis au milieu de nous, lorsqu'ils ont marqué leur place dans l'histoire, l'intérêt diminue, la curiosité disparaît, l'attention s'attiédit, l'oubli va suivre.

J'appréhende donc la critique en reproduisant des détails sur un fait accompli; cependant, si mon récit manque d'actualité, sa lecture peut encore être utile à ceux qui aiment les voyages et les souvenirs.

Ces lignes rétrospectives pourront peut-être trouver de bienveillants défenseurs auprès d'eux.

I.

Officier d'administration comptable des subsistances militaires, ma position au moment où commença la dernière guerre d'Italie, me mettait à la disposition de l'armée expéditionnaire.

1

Je priai M. l'intendant général Pâris de la Bollardière, chef des services administratifs, de m'assigner un poste immédiatement placé sous ses ordres. J'obtins cette faveur.

Je cédai à ce désir naturel que tout militaire ressent de partager les fatigues et les périls de ses frères d'armes dans l'intérêt de la patrie. D'ailleurs, le grade d'*officier* oblige celui qui a l'honneur de le porter, à consacrer son ardeur, ses forces, sa vie même pour la cause de son pays. Qu'il soit combattant ou administrateur, officier général, officier supérieur ou subalterne, peu importe! la qualité ne fait rien au sentiment qui est le même pour tous. Quand l'entraînement ou le devoir l'exigent, tous les dévouements sont égaux.

Quiconque ne connaît pas l'organisation du service militaire des vivres, peut se demander quelles fonctions sont dévolues aux *officiers d'administration comptables des subsistances*.

Ainsi que ce titre l'indique, leurs attributions intéressent, au plus haut degré, le bien-être matériel du soldat. Placés sous le contrôle immédiat de MM. les officiers de l'intendance militaire, ils gèrent dans l'intérieur de la France, les magasins de l'Etat; ils sont préposés à la garde, à la conservation, à la manutention et à la distribution aux troupes, des denrées et objets de consommation qui leur sont confiés : ils établissent les écritures qui se rattachent à cette exploitation, et comptent, avec le trésor, de clerc à maître.

En campagne, ces mêmes officiers entrent dans la composition des armées actives, marchent avec elles, sont chargés des approvisionnements de denrées qu'ils surveillent et défendent; ils s'occupent aussi de la confection du pain, du biscuit, du transport et de la distribution des vivres à la suite des colonnes, etc. etc. Tous ces travaux exigent le plus entier dévouement dans les manœuvres et un zèle continuel dans l'exécution.

Autrefois, les vivres étaient sous-traités par des *Entrepreneurs* dont les intérêts pécuniaires étaient constamment en opposition avec ceux de l'armée; de là, ce scandale des *four-nisseurs* signalé, avec une si juste réprobation, pendant les guerres de la première République et celles des premiers jours de l'Empire. Plus tard, en 1817, on créa un corps d'*agents comptables*, choisis dans l'ordre civil et salariés par l'État, mais ils achetaient encore les denrées. Depuis 1838, l'*élément militaire* a été introduit exclusivement dans la réorganisation de ce corps et lui garantit l'honorabilité dont il jouit. — Les officiers de l'Intendance procèdent aujourd'hui par voie d'adjudications publiques, à tous les achats de l'armée; les officiers d'administration comptables sont les réceptionnaires et les dépositaires responsables des denrées et des objets de tous genres, livrés entre leurs mains par les adjudicataires. Les soins dont ils font preuve, les fatigues qu'ils bravent, les difficultés qu'ils surmontent, profitant exclusivement à l'armée d'où ils sortent, leur considération jadis équivoque, est maintenant justement acquise, et tout-à-fait à l'abri du soupçon de négoce.

J'attendais mon ordre de départ lorsque les bulletins officiels annoncèrent que Napoléon III avait quitté Paris, le 10 mai 1859, pour prendre le commandement de son armée. L'Empereur s'embarquait à Marseille pour Gênes où il débarquait le 12 du même mois; deux jours après, le 14, il entrait à Alexandrie, à la tête de sa garde.

L'Intendant en chef faisant partie de l'état-major général, je m'attendis à être dirigé sur cette place aussitôt que l'ordre ministériel me serait parvenu.

Chef du bureau de centralisation des comptes du service des subsistances de la 8° division, à Lyon, je vis passer, par cette ville, la plupart de mes collègues appelés, de nos provinces du Nord, à prendre part à cette expédition. Chacun d'eux était porteur d'une lettre de service indiquant la subdivision de l'armée, auprès de laquelle il devait être attaché. Tous rejoignaient leur poste avec l'élan du patriotisme qui engendre les bonnes actions, et l'entrain de la jeunesse qui donne le courage de les accomplir.

Ce n'est pas une tâche facile que celle de faire mouvoir les provisions alimentaires d'une armée en campagne, de manière à satisfaire tous les besoins, toutes les exigences, au moment opportun.

Les denrées sont tellement nombreuses et variées, d'une conservation si minutieuse, qu'il faut une activité et une surveillance incessantes pour former de bons approvisionnements, assurer les livraisons en bonne condition et à heures fixes, aux corps de troupes en station ou en marche. Les voitures de paysans sont loin d'être commodes : généralement assez mal conditionnées, mal couvertes et mal attelées ; il faut subir les maladresses des conducteurs et les vices de leurs montures. Enfin, les évènements imprévus de la guerre les marches forcées, les accidents, les pertes, les avaries, les contr'ordres sont autant de circonstances défavorables qui compromettent, au moins moralement, la responsabilité de l'administrateur le plus capable et celle de l'officier d'administration le plus dévoué.

En 1859, toutes les denrées, farines, biscuit, conserves, vins, eaux-de-vie, sucre, café, etc. ont été tirées de nos magasins de France, à l'exception, toutefois, de la viande fraîche dont la fourniture fut soumissionnée à Paris et donnée à une entreprise générale qui, au moyen de parcs ambulants, assura les distributions par ses employés spéciaux, dans tous nos cantonnements. Dans un pays riche comme celui que nous avons traversé, ce service facile eût été exécuté sur place, par les officiers d'administration, avec le même succès que pour les autres denrées, et sans doute, avec plus d'économie pour le trésor ; mais, si l'administration supérieure s'est déterminée à en agir ainsi, il faut attribuer sa décision à un motif de simplification, ou peut-être à l'insuffisance de notre personnel, d'environ 80 à 90 comptables des vivres pour une armée de plus de 100,000 hommes.

Quoi qu'il en soit, il faut reconnaître que chacun a fait preuve de zèle en accomplissant son mandat aussi bien qu'il a été possible, et que s'il s'est produit, parfois, et à de rares intervalles, quelques tiraillements, quelques retards dans l'exécution, quelques souffrances mêmes pour les consommateurs, ce n'a été, le plus souvent, que l'effet inévitable du mode de translation par les voies ferrées, souvent encombrées, tout à la fois, de denrées, de munitions et de troupes.

Enfin, le 14 mai, je reçus l'ordre de me mettre en route. Le lendemain, à trois heures de l'après-midi, je pris place dans un wagon du chemin de fer de Genève, dont la gare provisoire existait alors au faubourg Saint-Clair, de Lyon. J'arrivai rapidement au pied des Alpes.

Des trains spéciaux affectés au transport des troupes et du matériel de guerre, se trouvaient chaque jour organisés à certaines heures du jour et de la nuit, en dehors du service ordinaire du chemin de fer.

J'étais parti en compagnie d'une batterie d'artillerie, dont les officiers se trouvaient dans le même compartiment que moi.

Nous étions tous impatients d'aborder les évènements qui allaient s'accomplir en Italie. Et puis, n'est-ce rien que de parcourir ce pays si plein des souvenirs de notre patrie? Cette terre que nous allions fouler ne renferme-t-elle pas nos morts glorieux. Ne rappelle-t-elle pas la grandeur de la France, à toutes les époques de son histoire!

En peu d'heures, nous avions atteint la frontière de France à Culoz, que nous dépassâmes, vers huit heures du soir, par un orage épouvantable (1). Notre convoi chargé d'hommes, de chevaux, de canons, de munitions et de projectiles, avait pris de fatigantes allures en suivant les aspérités d'un sol montueux. Notre wagon s'abandonna à de brusques mouvements interrompus par de fréquents temps d'arrêt, qui nous heurtaient les uns contre les autres. Il

______

(1) Depuis la paix de Villafranca, et la cession faite d'une partie de la Savoie à la France, notre frontière s'étend aujourd'hui jusqu'aux Alpes.

fallait entendre, à chaque choc imprévu, les réclamations joyeuses de nos compagnons de route. A chaque secousse violente, c'étaient d'énergiques exclamations ! c'était l'expansion de cette folle gaieté du soldat français, insouciant de l'avenir, content du présent, oublieux du passé. C'est le propre de son caractère : c'est l'*esprit gaulois*. — Train de plaisir pour Vienne ! disait l'un. — En route pour la chasse aux Autrichiens ! exclamait l'autre. — Et mille autres cris accompagnés de fanfares au clairon et de chansons patriotiques.

Nous arrivâmes ainsi à Saint-Jean-de-Maurienne. Il était nuit. — Là, nous nous séparâmes. — L'artillerie mit pied à terre pour suivre la route de Modane. Elle se prépara à gravir le Mont-Cenis, et moi je pris la diligence de Suze. — Je regrettai bien un peu de ne pouvoir apercevoir les bords du lac du Bourget, la jolie ville d'Aix-les-Bains, le bourg de Montmeillan. Mais j'étais préoccupé des évènements qui se préparaient de l'autre côté de ces escarpements sombres où la végétation s'appauvrit incessament, où les terrains gypseux et granitiques prennent un aspect sinistre. Je songeais au rôle modeste, mais utile qui pouvait m'être réservé, et le succès, si je pouvais en obtenir un, ne devait coûter aucune peine à mon zèle.

J'avais dépassé Lans-le-Bourg ; je commençai l'ascencion du Mont-Cenis que le voyageur n'effectue jamais sans une vive émotion. La brise était tiède, la lune éclairait de sa lumière argentée, les sinuosités du chemin sur un sol rapide péniblement foulé par douze robustes chevaux attelés à notre lourde et incommode voiture.

Que de sensations diverses au milieu de cette solitude, au centre de ces mystérieuses hauteurs dont les cîmes sont si majestueuses de poésie et de neige ! Je me rappelai que cette route avait été généreusement dotée, au commencement du siècle, par Napoléon Ier, pour la mettre en bon état d'entretien ; qu'on y avait échelonné, des deux côtés de la montagne, des maisons de secours et de refuge pour l'assistance des voyageurs ; j'admirai cette prévoyance pour le soulagement de l'humanité et, surtout, la vigilance de ces pieux cénobites appelés à vivre et à mourir sur cette immense voie, couverte de neiges éternelles, n'ayant pour les soutenir dans leurs œuvres de charité, que la foi sous l'œil de Dieu !

Il était matin lorsque j'aperçus le *lac Cenis*, dans son imposante simplicité. J'abordai ce vaste plateau où l'on est pris d'une secrète tristesse en voyant tant de magnificences prodiguées à cette montagne qui porte un suaire et qui semble le terme de tous les enchantements.

L'aurore était venu illuminer ses rives, et je descendais déjà ses pentes tracées sur des abîmes effrayants. — Deux chevaux au trot, habilement conduits, suffirent pour opérer notre descente, en deux heures, sur des rampes rapides mais pittoresques, bordées d'un côté, par d'énormes masses de rochers, couvertes de l'eau écumeuse d'une infinité de cascades, et de l'autre, par d'interminables précipices garnis de verdure et de fleurs.

Tout à l'heure, nous occupions des régions froides et désertes : on n'y voyait qu'un hospice, une hôtellerie, de rares visiteurs, au milieu des frimas. A présent, nous étions ombragés d'arbres parés de leur feuillage printannier ; nous jouissions de la plus douce température, d'un coup d'œil enchanteur. — Nous découvrions Suze, après l'avoir aperçu de si haut. Admirable coup d'œil ! sublime métamorphose ! Tout à l'heure, le néant ; maintenant la vie ! et cependant, c'était tout simplement la route du Mont-Cenis.....

II.

J'arrivai à Suze, première ville du versant italique où l'on retrouvait la 2e section du chemin de fer Victor-Emmanuel, commencé à Culoz.

Suze, la ville épiscopale, marquée du sceau de l'antiquité, que j'avais vue si riante de loin, me parut triste et morose, malgré l'affluence des voyageurs militaires et autres qui s'y promenaient sous une pluie diluvienne. — Près de la mairie, les boutiques des commerçants se trouvaient cachées sous de basses arcades massives. Il y manquait de lumière. Les rues me parurent mal alignées, mal pavées. J'y rencontrai beaucoup de ruelles ; nul édifice moderne ; quelques vieilles chapelles abandonnées pour servir d'entrepôts à l'armée piémontaise. Cependant, j'allai voir un arc-de-triomphe romain, en marbre, dont le portique est encore heureusement debout. C'est un monument d'environ 14 m. de haut, sur 9 à 10 mètres de largeur, élevé par César-Auguste, vers l'an de Rome 746. Ses quatre angles sont soutenus par de belles colonnes cannelées avec chapiteaux corinthiens, sur lesquelles reposent un fronton circulaire orné de sculptures mutilées, et qu'on dit représenter un sacrifice.

Je restai peu de temps dans cette ville dont la population est de 3000 habitants.

Un officier d'administration comptable (M. Gab....) s'y trouvait déjà installé avec d'abondantes ressources en vivres, et bientôt il devait suivre les colonnes nombreuses qui venaient se ranger sous les ordres du maréchal Canrobert accouru, en toute hâte, pour organiser, s'il y avait lieu, la résistance dans la ville royale de Turin.

Mon camarade m'apprit que le général Bouat, à peine arrivé à Suze avec sa subdivision, venait d'y mourir subitement en prenant son repas dans une auberge.

Ce brave général était un chef énergique qui s'était distingué en Crimée ; il était aimé de ses soldats. Sa mort produisit une impression pénible sur l'armée. — Mourir, peut-être à la veille d'une bataille ! ce fut une amère ironie du destin devant lequel, cependant, il fallut s'incliner.

Pour continuer mon voyage, je profitai d'un convoi qui emmenait des troupes dirigées sur Turin. J'avais hâte de m'éloigner et d'aller vers l'inconnu.

Je fixai mon attention sur l'horizon magnifique se dessinant devant moi. Un moment encaissée dans les dernières gorges des Alpes, la voie ferrée ne tarde pas à déboucher dans une plaine immense, arrosée par des fleuves et des rivières fécondantes. La capitale du Piémont est assise dans cette belle vallée, au confluent du Pô et de la Dora.

Je passai sans m'y arrêter. — Je ne devais visiter Turin qu'à mon retour.

Sous le rapport militaire, le pays me parut défendu très-heureusement, par ses limites naturelles : du côté de la France, par les Alpes dont les passages pouvaient être facilement occupés par de simples divisions de troupes contre des armées entières ; du côté de l'Autriche, par le Pô, l'Adige, le Tessin, le Tanaro et les travaux entrepris sur la rive droite de la Dora, lesquels devaient mettre les défenseurs de l'Italie à l'abri d'une surprise, mais cette confiance ne pouvait être entière. Il était prudent que la contrée si calme, au moins en apparence, se confiât à notre bravoure et à celle de ses enfants sous la conduite de chefs expérimentés.

Pendant que le 3e corps d'armée se dirigeait avec célérité, de Suze à Alexandrie, les corps du maréchal Baraguay-d'Hilliers et du général Mac-Mahon, débarqués à Gênes, devaient se disposer à prendre l'offensive, aussitôt après leur réunion.

Aux portes de Turin existent trois débarcadères, celui du chemin de fer de Novare, et ceux de Suze et d'Alexandrie. Ces deux derniers sont reliés entre eux, à quelques minutes de la ville ; de sorte qu'on peut aller de Suze à Alexandrie sans traverser Turin. Je suivis cette dernière voie sans m'arrêter.

Dans mon rapide trajet, je retrouvai plus ardent et plus expansif encore, l'enthousiasme que j'avais remarqué dans les premiers villages de la Savoie ; notre convoi ne pouvait plus s'arrêter sans être assailli par d'innombrables bravos, sans être salué par des populations entières accourues aux stations. Les femmes nous lançaient des fleurs de toutes parts, les hommes voulaient nous serrer les mains. Il fallut même, à Asti, accepter le vin d'honneur. Des patriotes insistèrent pour choquer respectueusement leurs verres remplis d'un vin blanc excellent, assez semblable à celui de Champagne. — Les mères tenant leurs petits enfants dans les bras, nous les présentaient pour être embrassés, comme si nous eussions été leurs sauveurs..... Plus d'un, parmi nous, était attendri à la vue d'un accueil si touchant et si naïf; et cependant, tous, nous nous moquions de notre propre attendrissement. Le cœur est ainsi fait.... surtout celui de l'homme de guerre. J'ai vu des soldats essuyer furtivement une larme et maugréer ensuite, contre eux-mêmes, de leur faiblesse. Ils avaient honte de leur bon cœur. Singulier contraste de l'humeur de notre nation enthousiaste et sceptique? C'est un composé de passions généreuses et de raillerie.

J'arrivai le 16 mai à Alexandrie. Cette ville était encore parée de ses habits de fête. Les couleurs nationales italiennes, vert, blanc et rouge, flottaient à côté des nôtres; les édifices, les monuments et jusqu'aux croisées des maisons particulières, étaient encore garnies de riches tentures. Tout était pavoisé et tout indiquait combien l'accueil fait, depuis 48 heures, à l'empereur Napoléon, avait été brillant et cordial.

Mon émotion fut profonde : chacun peut donner un nom à cette exaltation de la reconnaissance d'un peuple qui tend les bras vers son libérateur, à cette heure solennelle qui sonne pour les combats : on peut l'aimer, la haïr, l'accuser, la défendre, mais certainement, nul ne peut se soustraire à ses sensations, à ses étreintes qui vont au cœur.

La ville était entourée de nos troupes qui campaient comme en un lieu de rendez-vous; c'est qu'en effet, la loyauté de la France qui avait attendu l'invasion du territoire piémontais, pour faire avancer ses soldats, pouvait rendre critique notre situation et celle de nos alliés. Aussitôt après l'ordre donné du départ à la frontière française, les colonnes avaient franchi les Alpes dans toutes les directions et la mer portait nos bataillons venant de nos ports et de l'Afrique. On arrivait à grandes marches à Alexandrie, et cependant la rapidité des chemins de fer, le zèle ardent des chefs et des soldats paraissaient insuffisants; il s'agissait de s'opposer promptement à la marche de l'ennemi. Heureusement les Autrichiens manquèrent d'audace et de détermination : leur hésitation sauva Alexandrie et peut-être Turin. Le 3 mai, il n'y avait encore qu'une seule division française à Alexandrie, celle du général Bourbaki. Une invasion autrichienne sur cette place, coupant nos communications par le chemin de fer, eût engagé une lutte terrible, funeste peut-être, par un échec possible dans la rencontre. La fortune de la France ne le permit pas.

Alexandrie, siège d'un évêché, est une ville d'environ 40,000 habitants, l'une des plus importantes du Piémont. Elle fut fondée en 1168, par la Ligue lombarde pour s'opposer à Frédéric Barberousse, et reçut le nom d'*Alexandrie*, en l'honneur du pape Alexandre III qui règnait alors. Elle fut cédée, en 1707, par Joseph Ier à la Savoie. Elle appartint ensuite, à la France, de 1796 à 1814.

Ses édifices, ses maisons en briques, ses églises, son théâtre ne sont pas somptueux ; mais les rues sont droites, bien percées et assez larges. — Sa position sur le Tanaro en fait une défense naturelle à l'entrée de la Haute Italie.

Ses fortifications ne furent jamais bien redoutables puisque l'empereur Frédéric lui avait donné, par dérision, le surnom d'*Alexandrie de la Paille*. Cependant, le gouvernement sarde fit exécuter certains travaux auxquels les généraux Niel et Frossard ont mis la main dans ces derniers temps.

La place forte est un hexagone régulier, de forme elliptique et bastionné, séparé de la ville par un pont de 200 m. entourée de parapets à droite et à gauche. Elle offre cette particularité, peut-être unique en Europe, qu'il y a été construit des cavaliers, dans les bastions et au milieu des courtines, donnant un second étage de feux d'artillerie. Ce surcroît d'ouvrages, recouvrant des magasins immenses et des casernes voûtées à l'épreuve de la bombe, peut permettre de loger de nombreuses troupes avec leurs approvisionnements.

Les fondements de cette citadelle datent de 1730. Les travaux de sa construction ont duré 15 ans, et les réparations en ont été exécutées par nos ingénieurs, pendant les guerres du premier Empire.

Quant au palais d'Alexandrie avec sa tour carrée, cette résidence est toute guerrière. Elle représente un ancien manoir féodal, à hautes cheminées, dans d'épaisses murailles.

Le voisinage de Marengo, celui de Novi, attirent à Alexandrie, même en temps ordinaire, un grand nombre d'étrangers et de touristes français, dont les pieux souvenirs évoquent, chaque jour, les grandes ombres de nos héros français morts au commencement de ce siècle. Je me rappelai le nom de Desaix, tué à Marengo; Joubert, le fils chéri de notre Bresse, frappé mortellement à Novi (1).

J'eusse voulu parcourir ces vastes champs de bataille, ces lugubres lieux où la pensée tient en éveil toutes les forces de l'âme : j'eusse pénétré avec recueillement dans cette chambre où le premier Consul vint chercher quelques heures de repos, dans la nuit du 13 juin 1800, après avoir arrêté toutes les dispositions stratégiques pour la bataille du lendemain ; j'eusse voté, de bien bon cœur, des remerciements au propriétaire de la *villa Gataldi*, mais le temps pressait et je devais me contenter, pour l'instant, de la vue du palais d'Alexandrie.

J'étais logé chez un libraire, un patriote, M. Moretti, dont la demeure donnait sur ce palais et sur une grande place quadrangulaire plantée d'arbres. Je voyais à loisir le roi de Piémont et son hôte, l'empereur Napoléon, allant et re-

(1) Joubert (Barthélemy-Catherine, né à Pont-de-Vaux en 1769. — Volontaire en 1791; général de brigade à 26 ans; tué à 30 ans, le 15 août 1799, commandant en chef l'armée d'Italie.

venant, chaque jour, de visiter les environs. Ils devaient, sans doute, se concerter sur les moyens de surprendre l'ennemi, de déjouer ses projets. On apprit même qu'une nuit il s'était montré à Tortone, à quelques lieues de nous. La cavalerie piémontaise poussa une reconnaissance jusqu'au village où il n'avait fait qu'une rapide apparition.

On a su depuis, d'après les rapports officiels, que les Autrichiens, qui avaient passé le Pô à Cambio, durent se retirer devant les Piémontais; que, par une habile manœuvre, feignant de vouloir franchir le même fleuve à Stradella, dans la direction de Plaisance, l'empereur Napoléon III le fit passer par son armée, à Casal, sans coup-férir, au grand désappointement du général en chef Giulay qui ne l'attendait pas de ce côté.

Je devais être témoin actif de cet audacieux mouvement de la campagne : je vais dire comment.

III.

Dès mon arrivée à Alexandrie, mon premier soin avait été de me mettre à la disposition de M. l'Intendant en chef.

Le 20 mai, ce fonctionnaire me fit appeler et m'invita à me rendre seul à Casal, sans délai, dans le but d'y établir un vaste entrepôt de vivres.

Les règles militaires interdisant la communication des dispositions stratégiques arrêtées par le commandement supérieur, le secret le plus absolu était gardé sur le changement de direction des troupes ordonné par l'Empereur.

Il fallut me résigner à comprendre ma mission à demi mot. D'après mes instructions verbales, je devais recevoir à Casal, les denrées qui me seraient expédiées par le chemin de fer d'Alexandrie. — J'aurais à satisfaire toutes les demandes qui me seraient régulièrement adressées par les ayants-droit. Quant aux moyens d'exécution, on s'en remettait à mon ex-

périence du service, aucun officier de l'Intendance militaire
ne se trouvant, en ce moment, à Casal. —Je ne devais emmener avec moi, ni interprète, ni ouvriers, afin d'opérer avec la
plus entière discrétion.

Après l'exécution de ma mission, j'avais ordre de venir en
rendre compte à l'Intendant en chef lui-même, quel que fut
l'endroit où il se trouverait.

Il n'y avait pas un instant à perdre. Le soir même, la vapeur me conduisait en wagon à la station de Casal, route de
Vercelli (Verceil).

Au moment de mon départ, un régiment piémontais partait d'Alexandrie dans la même direction. Un autre, le 6e régiment, allait suivre; il en attendait le signal dans la gare,
l'arme au pied, en tenue de campagne, sac au dos.

Un bataillon de bersagliers (chasseurs à pied) s'apprêtait
aussi à se mettre en route.

Il me vint à la pensée que ces troupes se rendaient sur
quelque champ de bataille et que j'étais chargé de mettre à
leur disposition les approvisionnements que j'allais recevoir
à Casal.

Je méditai une partie de la nuit...... J'éprouvai une certaine inquiétude née d'une responsabilité morale dont mon
imagination grossissait les conséquences. On annonça la station de Casal. — En mettant pied à terre, je me confiai au
hasard qui est la Providence de la plupart de nos actions
dans ce monde, surtout à la guerre. — Je commençai aussitôt mes préparatifs d'installation.

Je visitai avec le jour, les abords de la gare de Casal : le
terrain qui sépare la ville de la voie ferrée était vaste et commode pour l'établissement momentané de meules à fourrages.
Il était occupé, en partie, par une nombreuse artillerie piémontaise et des charrettes de paysans, devant, sans doute,
servir au transport des munitions et des blessés.

Je me rendis auprès du syndic de la ville auquel je fis part
de ma mission. Cet administrateur parlait le français très-

correctement : il ne savait rien des évènements qui se préparaient ; il m'apprit, cependant, que l'on s'était battu quelques jours avant, au-delà du Pô qui baigne les murs de la ville. Il se montra d'ailleurs très-disposé à déférer à mes demandes. J'obtins l'assistance d'un officier de police qui me mit en possession d'une partie non occupée du terrain de la gare. Je louai des porte-faix italiens, suivant le tarif local ; je fis palissader mon enclos, ouvrir à proximité, des magasins couverts pour abriter les denrées susceptibles d'avaries, et je n'atten dis pas longtemps les envois annoncés.

Le troisième jour de mon arrivée dans la place, de puissantes meules de foin et de paille montraient orgueilleusement leurs cîmes élevées aux habitants de Casal qui, en ces jours d'anxiété, devant l'ennemi, promenaient complaisamment leurs regards curieux sur les moyens employés pour les défendre.

L'inquiétude était parfaitement justifiée : la veille, encore, le capitaine Pallaviccini qui commandait la 18e compagnie du 5 bataillon des bersagliers, avait soutenu un engagement sérieux avec une forte colonne de chasseurs tyroliens qu'il avait mis en fuite, en les chargeant à la baïonnette.

Cependant, un trait de lumière vint éclairer ma situation. J'appris qu'une compagnie française du 6e régiment d'artillerie (pontonniers) venait de jeter un pont de bateaux sur le Pô ; j'allai m'en assurer. En effet, il existait sur ce fleuve, un pont supplémentaire de bateaux, sur une longueur de 350 à 400 mètres, qui assurait, avec celui de la ville, construit en pierres, un débouché considérable. Il devait donc passer en cet endroit, de fortes colonnes de troupes, et je fus bientôt confirmé dans cette opinion par M. le commandant des pontonniers français lui-même, auquel je confiai mon embarras et les difficultés de ma position. Sur ma demande, cet officier voulut bien mettre à ma disposition deux sous-officiers de sa compagnie, jeunes gens instruits, parlant fort bien l'italien. Désormais, j'étais rassuré sur le succès de ma tâche ; j'étais en mesure de parer à toutes les éventualités.

L'équipage de ce pont de bateaux, venant de Strasbourg, avait passé le Mont-Cenis. 500 chevaux avaient traîné ce matériel jusqu'à Turin et Alexandrie; puis, de cette place jusqu'à Casal, on avait employé à son transport, par le chemin de fer, 37 wagons attachés à deux locomotives.

Je donnai à mes deux collaborateurs leurs instructions; je leur assignai leurs postes dans les distributions, et nos mesures se trouvèrent complètement prises lorsque les premiers détachements français se présentèrent à Casal.

A partir du 25 mai, les colonnes de troupes se succédèrent sans interruption, pendant sept jours. — Le troisième corps d'armée, composé de trois divisions, arriva le premier. — Les premier et deuxième corps suivirent, puis la division de cavalerie; enfin l'état major général avec l'Empereur: environ 80,000 hommes.

Il est d'usage à l'armée que, par prévoyance, le sac du soldat soit garni pour huit jours de vivres en biscuit, riz, sel etc. On dut pourvoir ceux qui étaient vides. Les distributions eurent lieu collectivement, par régiments et par divisions, pendant le jour; les voitures d'approvisionnements furent complétées pendant la nuit, et le 31 mai, il ne me restait plus que 6000 rations de pain que je fis remettre au syndic, pour l'hôpital de la ville, afin de les utiliser avant leur avarie.

Par une heureuse circonstance toute fortuite, un de mes collègues, (M. Rib...), attaché à l'une des colonnes arrivées des premières à Casal, quoiqu'atteint d'une indisposition assez sérieuse pourqu'il se fît remplacer momentanément, m'offrit son utile concours que j'acceptai. Il se mit à l'œuvre avec dévouement et m'aida à triompher dans ma tâche difficile.

Qu'il me soit permis de lui en témoigner, ici, ma sincère gratitude, ainsi qu'à mes deux aides de l'artillerie et à leur digne chef qui rendirent ainsi un service important à l'administration et à l'armée dans cette circonstance spéciale.

Il me sera impossible d'oublier cet imposant spectacle du

passage de l'armée française sur le Pô, à Casal, s'exécutant dans un ensemble admirable, par ordre de bataille, sous la conduite de ses chefs, par un soleil radieux réflété sur les armes étincelantes de nos braves soldats pleins de vigueur et d'entrain, au milieu des flots transparents et impétueux du fleuve.

Quant au site, je le quittai sans regret.

Casal est une ville de 20,000 habitants, sur la rive droite du Pô, à 25 kilomètres d'Alexandrie. Cette place jadis fortifiée, servit de base aux opérations militaires de l'armée piémontaise en 1859. Les rues de la ville sont longues et droites; les grandes maisons ressemblent plus à des cloîtres qu'à des palais. Le collége, le théâtre, le vieux château sont vastes, d'un aspect sévère. Les églises sont richement ornées. La tristesse qui y règnait, venait de son peu de commerce; elle était augmentée des événements de la guerre, et pouvait être encore motivée par l'aspect des rizières circonvoisines traversant dans tous les sens, un pays humide, ombragé de peupliers à la pâle verdure.

J'allai porter à Alexandrie les justifications de mes fournitures aux troupes, pour être régularisées en comptabilité par mon camarade, M. Ter..., dont la circonscription du service s'étendait à l'annexe de Casal.

Il ne me restait plus qu'à assister, en personne, à une bataille pour compléter mes impressions sur l'état de guerre; l'occasion ne se fit pas attendre.

<h2 style="text-align:center">IV.</h2>

En quittant Alexandrie avec de nombreux compagnons de route se dirigeant comme moi sur Verceil où je comptais rencontrer M. Pâris de La Bollardière, on m'apprit que le premier corps d'armée, commandé par le maréchal Baraguay-d'Hilliers, s'était avancé jusqu'à Voghéra. Le maréchal

2

Canrobert avait établi son quartier général à Tortone, et le général Forey venait de remporter la victoire de *Casteggio*, qui a pris le nom de *Montebello*. On me dit que cette première affaire acquit l'importance d'une grande victoire par la disproportion des forces engagées et par l'influence qu'elle exerça sur le moral de notre armée au début de la campagne.

En effet, on a su plus tard, que les pertes de l'ennemi, dans cette journée du 20 mai, s'élevèrent à 2,000 hommes hors de combat, et 200 prisonniers. Le général Forey ne perdit que 500 hommes tués ou blessés. Au nombre des morts se trouvèrent le général Beuret et plusieurs officiers supérieurs. — Ce glorieux fait d'armes rappela avec bonheur, la victoire mémorable remportée au même lieu, le 9 juin 1800, par le général Lannes.

Nous avons vu comment l'Empereur décidé à tromper l'armée autrichienne, fit exécuter le passage du Pô à Casal, afin de se porter sur les rives du Tessin, et d'ouvrir les portes de Milan pendant que les Sardes établis à Borgo-Vercelli, éclairaient toute la rive gauche de la Sésia.

Pendant mon voyage, j'eus l'occasion de remarquer combien il fallait se défier des voies ferrées. Celle qui me portait était seule et unique : nous dûmes stationner plus de deux heures pour attendre qu'elle fût déblayée des wagons chargés de munitions de guerre dont elle était encombrée. Il me vint à la pensée que si le chemin eût été obstrué par des troupes, il nous eût été impossible de parvenir à destination en temps utile. Cette circonstance me confirma aussi dans l'opinion que j'ai déjà émise, qu'il faut toujours s'attendre à l'armée, à des obstacles imprévus, et que l'administration de la guerre devrait pouvoir disposer d'un matériel roulant et spécial pour le transport de ses approvisionnements de vivres.

Ce chemin s'ouvrait au milieu de vastes prairies d'un vert éclatant, bordées d'arbres sveltes et allongés. Il respirait un air de fête. Les soldats, sur cette route, avaient entonné leurs chansons. Les bagages offraient le spectacle d'un bizarre entassement d'objets d'équipement et de campement. De tous côtés des véhicules en tous genres : voitures du train des équipages militaires, charrettes, carrioles de différentes couleurs, grandes, petites, de toutes formes. L'œil peut être distrait par cette quantité de voitures dont les roues suivent les mêmes ornières, mais qui deviennent bientôt un embarras à la marche, au moment d'exécuter un ordre pressé. — J'étais dans cette préoccupation d'esprit à mon arrivée à Verceil où je trouvai l'ordre de me rendre à Novare.

Je m'arrêtai peu d'instants à l'hôtel des *Trois Rois*, encombré de voyageurs. Je ne trouvai ni un lit disponible, ni un repas préparé, pas même un cheval pour continuer ma route, et je fus forcé de prendre place sur une charrette partant dans la direction de Novare.

Verceil, qui est une ville de 16 à 20,000 âmes venait d'être attristée par la présence des Autrichiens ; ils n'y avaient épargné aucune sorte d'exactions. Ils en furent chassés par les Piémontais.

On m'informa que le roi Victor-Emmanuel, à la tête de ses troupes appuyées par le 3ᵉ régiment de zouaves, avait enlevé, le 30 mai, le village de *Palestro*, situé sur la Sésia, à quelque distance de Verceil, en face de Robbio. Les Autrichiens avaient occupé ce village deux jours auparavant, avec des forces considérables.

Les avis officiels ont fait connaître que là, dans une course aussi intelligente que rapide et audacieuse, ce régiment de zouaves, après avoir supporté sur le flanc, le feu de l'ennemi, avait exécuté *un à gauche*, avec une précision si merveilleuse, qu'en peu de temps, il culbutait les canonniers autrichiens sur leurs pièces et leur prenait 5 canons. Il avait fallu cependant, traverser une rivière dominée par une berge élevée et hérissée d'artillerie.

Les zouaves furent autorisés par l'Empereur, à offrir leurs canons au roi de Sardaigne dont ils avaient admiré le courage et le sang-froid.

On raconte que dans un moment où le feu de l'ennemi s'était ranimé, le colonel Chabron, des zouaves, et un groupe d'hommes près de lui, supplièrent le prince de s'éloigner :

« Non, mes enfants, répondit Victor-Emmanuel, je fais comme vous...... En avant! » et il s'élança entraînant les soldats par son audace. — Une gravure populaire en Italie, représente ce monarque, en uniforme de zouave, *portant les galons de caporal.* — C'est un trait nouveau de ressemblance avec la célèbre estampe française du *petit Caporal,* figurant Bonaparte, premier Consul, au siège de Toulon.

Quelque soit le ridicule de cette caresse faite à la popularité des princes, elle n'en est pas moins respectable comme un témoignage de l'estime particulière des soldats pour la bravoure de leurs chefs, et dans cette circonstance, ce fut un hommage, une preuve de l'union cimentée entre les Français et les Piémontais réunis dans un égal et glorieux danger à Palestro.

J'entrai à Novare avec le 3e corps d'armée commandé par le maréchal Canrobert. Cette ville était remplie d'allégresse guerrière. Malgré les fleurs dont les habitants avaient paré nos soldats, l'air était encore imprégné d'une odeur de poudre. Les Autrichiens fuyaient devant nos troupes auxquelles ils n'avaient pas même essayé de disputer l'entrée des faubourgs. Leurs pièces de canon qui avaient fait une brusque décharge, se retiraient au galop, pour se rallier derrière le Tessin.

Novare est l'une des villes du Piémont les plus agréables. Ses rues, ses promenades, ses édifices sont bien entretenus. C'est le chef-lieu d'une intendance générale, le siége d'un évêché. On y compte de 15 à 18,000 habitants. Elle a souffert des rapines de l'ennemi qui, aux deux époques de 1849 et de 1859, lui a fait sentir lourdement sa dépendance. C'est dans la plaine de Novare que le courage intrépide de Charles-Albert, père du roi actuel, a reçu une si funeste atteinte.

L'Intendant en chef de l'armée française était descendu

dans une maison située à l'extrémité de la ville. Je m'y présentai à mon arrivée. Déjà l'administration avait fait ouvrir un magasin de vivres, dans le bâtiment de l'évêché de Novare, sous les ordres de M. le Sous-Intendant Chap.... M. Pâris de la Bollardière m'ordonna de prendre provisoirement la gestion de ce dépôt. Nous étions en mesure de satisfaire les besoins des troupes de passage. Chaque arcade de la galerie de l'immense cour de l'évêché, avait été appropriée à une subvision de nos denrées par espèces, et l'on aurait pu se croire sur un beau marché de France.

Sur les instances d'un patriote de cette localité, je fus désigné pour aller loger chez lui. Je dois rendre un témoignage public de l'aimable hospitalité que je reçus de M. Ravizza, avocat et membre de la municipalité de cette ville.

J'eus l'occasion de faire livrer du vin à l'hôpital de Novare; j'en profitai pour chercher parmi les malheureux blessés, ceux qui appartenaient plus particulièrement à la Bresse, afin de leur porter les adoucissements que leur position exigeait. Je pouvais y rencontrer un ami, un militaire qui me fut recommandé.

Sur les dalles de cet hôpital, dans le pourtour de la cour, avaient été disposés, côte à côte, sur des matelas, des hommes de toutes les nations, français, arabes, allemands, n'ayant plus la force de remuer : là, des juremens, des blasphèmes, des cris qu'on ne peut rendre, retentissaient sous ces voûtes, car les salles étaient remplies. — Ah ! mon-« sieur l'officier, que je souffre ! me disait l'un. — On nous « laisse mourir misérablement; on nous abandonne, disait « l'autre. » — Hélas! malgré les fatigues qu'ils avaient endurées, beaucoup de ces infortunés avaient passé la nuit sans sommeil; le repos s'était éloigné d'eux. — Dans leur détresse, ils appelaient les médecins; se roulaient de désespoir dans des convulsions qui se terminaient par le délire et la mort ! Quelques-uns réclamaient de l'eau froide pour en verser discrétement sur leurs plaies déjà purulentes ; d'autres se refusaient à laisser humecter leurs bandages....

La chaleur de juin était excessive : elle s'opposa, sans doute, au succès des amputations faites par les chirurgiens italiens ; elles furent trop souvent malheureuses. Celle d'un zouave fut aussi remarquable que bien réussie. Ce militaire avait refusé l'emploi du chloroforme et l'assistance des infirmiers. Il n'abandonna son cigare de sa bouche que lorsque son bras droit lui fut enlevé. Son énergie le sauva de la mort.

A ce triste spectacle, je contemplai de nouveau toute la grandeur du sacrifice de l'homme de guerre, du combattant, qui donne sa vie avec tant d'abnégation par amour pour la patrie. Je me dis qu'il mériterait d'être plus considéré qu'il ne l'est, en temps de paix, dans nos grandes cités industrielles où, pour le vulgaire, l'or est la seule vertu qu'on envie et qu'on y honore.

Le 1er juin, le maréchal Niel était entré à Novare : il avait passé le Tessin le 2. Après les combats de Turbigo, de Robecchetto et de Buffalora, la bataille de Magenta ouvrit enfin la route de Milan.

C'est à Magenta que l'Empereur soutint, en personne, avec la Garde, une lutte gigantesque contre un ennemi nombreux, acharné, résolu à jouer, dans une seule affaire, le sort de la Lombardie. C'est là que le maréchal Mac-Mahon, accomplissant une heureuse diversion, sauva notre armée en accablant celle de l'Autriche.

Je reçus, d'urgence, l'ordre de partir de Novare pour me rendre à Milan ; j'obéis immédiatement, et le 5 juin je passai sur ce sol embrasé, quelques heures après la victoire.

De quelle douloureuse impression ne fus-je pas saisi au milieu de ces désastres, témoins muets de l'intrépidité de la Garde impériale ! Il faut renoncer à dépeindre les preuves vivantes de l'impétuosité de nos soldats et de la puissance de nos armées.

On n'était pas encore parvenu à ensevelir tous les cadavres jonchant la terre. Beaucoup de corps revêtus d'uniformes de toutes armes, gisaient sur l'herbe foulée. On voyait dans ce triste paysage que la mort avait fait pleine moisson. On avait réservé deux illustres victimes, les généraux Cler (1) et Espinasse, et les fosses communes étaient béantes. Autrichiens et Français y furent déposés côte à côte. — Habits bleus, habits blancs disparaissaient cachés par les mêmes pelletées de terre... — ce seul et véritable niveau de l'égalité !

La terre avait été labourée par les boulets. Elle était couverte d'armes brisées, de baïonnettes tordues, de havresacs, de gibernes vides, de schakos, de bonnets à poils troués. La mitraille avait ravagé les plantations et les récoltes.

Je visitai le pont de Buffarola construit par des ingénieurs français du premier Empire. Ce pont, n'ayant été miné que sous deux arches les plus voisines de la rive gauche, pouvaient encore donner passage à nos troupes, malgré leur affaissement. C'est là que l'Empereur dirigea les batteries d'attaque après les avoir fait placer lui-même.

Je passai également sur celui dit : *Ponte Vecchio di Magenta* qui servait de point de démarcation officielle entre les Etats sardes et le Lombardo-Vénitien. Les pavillons des douaniers étaient détruits. C'est sur ce pont que la Garde avait livré ses plus opiniâtres combats. Aujourd'hui, ce lieu où les soldats circulaient joyeusement, causant des périls passés ; ce lieu aurait pu me paraître moins lugubre, et

(1) Le général de brigade Cler, né à Salins (Jura), en 1814, n'était pas seulement un vaillant soldat ; il possédait aussi toutes les qualités d'un littérateur distingué. Il avait publié, sans y mettre son nom : *Souvenirs d'un officier du 2ᵉ régiment de zouaves*, livre aussi agréable que spirituellement écrit, plein d'*humour* militaire. — C'est une histoire intéressante du brave régiment qu'il avait commandé en Afrique.

cependant, de chaque côté du pont, sur des rampes escarpées, il existait encore des monceaux de cadavres réunissant des types et des vêtements variés. — Il avait fallu garder ce pont, et sept fois il avait été pris et repris pour rester, enfin, au pouvoir des Français !

En traversant le village de Magenta, je vis les maisons littéralement criblées de balles et de boulets. Chaque ferme avait eu son siège à supporter. La mêlée avait pris à certains endroits, un caractère furieux qu'attestait le sang répandu en d'énormes flaques.

Je m'éloignai de ce lieu de désolation. Je détournai la tête pour sortir ma vue de l'horrible réalité de la mort toute glorieuse qu'elle est, et je continuai ma route, heureux d'avoir pu aider quelques blessés à monter sur les charrettes qui les portaient à Novare.

N'omettons pas de dire que les dames de cette ville pensaient les plaies, et que les habitants avaient fait d'abondantes collectes de linge, charpie, tabac pour l'hôpital.

Ce fut un consolant tableau que celui des populations italiennes venant ainsi soulager nos blessés au milieu de leurs souffrances et de leurs mutilations.

<h2 style="text-align:center">V.</h2>

J'arrivai à Milan le 6 juin : les corps Baraguay-d'Hilliers et Mac-Mahon poursuivaient les Autrichiens au-delà de cette ville. J'y entrai au moment où elle venait d'accomplir sa révolution. Les rues, les places étaient encombrées d'une foule joyeuse, où se confondaient tous les rangs, tous les cœurs, tous les enthousiasmes. Une garde nationale improvisée était armée des dépouilles de l'ennemi qu'elle avait chassé de la citadelle servant de caserne à la garnison autrichienne.

Le *Castello* (château) est un bâtiment fortifié, élevé sur le champ de manœuvres de Milan, à proximité et au nord-ouest de la ville, sur un terrain considérable. Ce château-fort peut contenir environ 6,000 combattants. Il fut construit par Galéaz Visconti, duc de Milan, en 1368. Démoli plusieurs fois par le peuple, les Espagnols l'entourèrent de travaux de défense : ils y établirent six boulevards, des fossés, des remparts assez puissants pour résister à un coup de main. En 1801, sous l'administration française, on démolit une partie des fortifications : on conserva seulement l'ancien palais Visconti au milieu du château, la petite cour, le mur d'enceinte du côté de la campagne et quatre tours bâties par ordre du duc François Sforza.

On trouva dans ce château des approvisionnements en tous genres, appartenant aux Autrichiens. Ils ont été partagés par les armées française et sarde, auxquelles ils ont procuré d'abondantes ressources. J'ai vu, dans la cour, douze pièces de canons avec leurs affûts, que les *Tudesques* n'eurent pas le temps d'emmener avec eux, dans leur fuite.

Là, je réussis à présenter mon rapport sur Casal, à notre Intendant en chef qui s'arrêta quelques heures à Milan. Ce fonctionnaire me désigna pour gérer le service des vivres de cette place. Capitale de la Lombardie, elle était jusqu'à présent la plus importante de notre conquête, après Gênes, qui fut la plus utile pour réunir nos approvisionnements au début de la campagne. Je fus mis immédiatement en fonctions.

Je fis la reconnaissance des magasins de la ville et de la citadelle avec le concours et sous la direction de M. le Sous-Intendant militaire Ric.... Je trouvai dans le château des fours bien construits, une boulangerie toute agencée, et d'immenses locaux voûtés. J'installai la manutention du pain, employant des farines de froment pur, au lieu des farines autrichiennes mélangées de seigle; ce qui produit un pain noir et de mauvais goût.

Je restai titulaire du service des subsistances militaires de Milan, pendant la période de guerre, c'est-à-dire jusqu'au

30 septembre 1859, ensuite du 1er octobre au 31 décembre de la même année, au titre de l'armée d'occupation.

Le 8 juin, je lus dans la citadelle, l'ordre du jour de l'Empereur, affiché par ordre de l'état-major général et adressé à l'armée. Cet acte public retraçait les vertus guerrières de nos soldats et l'excellence de leur patriotisme. En effet, on pouvait, à bon droit, s'enorgueillir de compter sur cette armée, qui, en dix jours seulement, depuis le commencement des opérations, avait déjà débarrassé le sol piémontais de ses envahisseurs.

Le même jour, pendant que les nouveaux venus se réjouissaient à Milan, de tous les charmes d'une ville délivrée du joug de ses oppresseurs, nos soldats, encore parés des fleurs qu'on leur avait jetées à leur passage, soutenaient à Melegnano (Marignan), cette héroïque et sombre lutte qui a ensanglanté la pierre des tombeaux du cimetière de cette place. On entendait le canon. — Ces lugubres accords nous parvenaient traversant une riante campagne, une ville revêtue de ses habits de fête. Ce canon de Melegnano annonçait une nouvelle victoire et l'entrée de l'empereur Napoléon à Milan.

Les divisions Bazaine et L'Admirault enlevèrent Melegnano pendant que la division Forey le tournait. Après trois heures de résistance, l'armée autrichienne était forcée de céder : elle avait perdu 33 officiers supérieurs, 2,000 soldats. On lui fit 1200 prisonniers, qui furent conduits dans la citadelle de Milan. Dans ce combat fut tué le colonel du 1er régiment de zouaves, M. Paulze d'Ivoy.

Melegnano est un gros bourg situé à environ 14 kilom. de Milan. Une forte arrière-garde de 15,000 Autrichiens s'y était retranchée.

Dès que la nouvelle de ce succès parvint à Milan, les opulents citadins qui se font conduire d'ordinaire au Corso, changèrent immédiatement de direction : ils se firent porter sur le champ de bataille où les équipages de tous les ordres enlevèrent les blessés et les mourants que les propriétaires eux-mêmes conduisirent dans leurs hôtels ou dans les hôpitaux de la ville. La bourgeoisie et l'aristocratie rivalisèrent de zèle. Ce fut un sublime exemple de charité chrétienne digne d'un peuple libre! Cette noble conduite a trouvé sa récompense dans notre sympathie et le major général Vaillant a proposé de l'éterniser en faisant frapper des médailles d'or, au nom des nombreuses familles qui donnèrent l'exemple de ce dévouement. Ce projet approuvé par l'Empereur des Français, a été mis à exécution après notre départ d'Italie.

Le 9 juin, l'empereur Napoléon III et le roi de Piémont allèrent entendre le *Te Deum* à la cathédrale de Milan. — L'Empereur, avec un tact parfait, n'avait pas voulu établir son quartier général au palais du Grand-Duc; il avait préféré occuper la *villa Bonaparte*, autrefois habitée par Napoléon Ier et bâtie, dit-on, par ses ordres, après la deuxième guerre d'Italie.

Les princes traversèrent les rues bordées de maisons mouvantes pour ainsi dire ; les pierres paraissaient animées, tant l'affluence était grande. — C'était l'âme du peuple qui saluait ainsi les armes françaises. Chacun a pu l'apprécier à son gré ; mais, certainement, nul n'a du se soustraire à son influence émouvante.

Les femmes surtout, parées de la cocarde nationale, se faisaient remarquer par leur enthousiasme particulier : penchées en avant, sur leurs balcons recouverts de riches draperie, elles lançaient des fleurs qui tombaient en pluie odorante, sur les officiers et soldats agitant leurs armes en signe de remerciement.

Dans la rue Cusani, un habitant portait sur ses bras, une jeune et charmante enfant. Lorsque le maréchal Mac-Mahon apparut, le père s'approcha et lui fit remettre, par sa petite fille, une magnifique couronne de fleurs. Le général accepta cet hommage, prit l'enfant et l'embrassa sur les deux joues, aux applaudissements frénétiques du peuple.

Cette manifestation solennelle est indescriptible : qui l'a vue ne pourra l'oublier !

Une soirée à la Scala marqua le dernier jour de l'Empereur à son passage à Milan. Cette salle de spectacle est la plus grande d'Europe : sa forme est elliptique. Elle peut contenir 5,000 spectateurs. Le plafond est peint en fresques : on compte six rangées de loges superposées, découpées en arabesques sur un fond blanc et or. On l'éclaira à la *giorno*, c'est-à-dire par une de ces illuminations dont l'Italie a seule le secret.

Il n'y avait alors aucune troupe d'acteurs dans la ville ; mais la scène était occupée par des chœurs chantant des hymnes nationaux. Dans cette soirée on pouvait se passer du génie des grands maîtres ; la présence seule des triomphateurs suffit pour animer la salle aussi bruyante que lumineuse.

Le lendemain, notre armée s'éloigna de la capitale de la Lombardie, régénérée en quelque sorte, par l'accueil touchant qu'elle y avait reçu. Elle allait courir à de nouveaux périls, à de nouvelles victoires......

Pendant mon séjour à Milan, j'eus l'occasion d'apprécier combien les rapports de la nouvelle administration municipale furent agréables et dévoués. A sa tête se trouvait un homme considérable, le comte Luigi Belgiojoso, patriote ardent, possesseur d'une grande fortune, appelé au pouvoir le 3 juin 1859. A ce souvenir se rattache celui d'Alexandre Andryane, commissaire français auprès du comité gouvernemental de Milan, qui a pu jouir de l'humiliation infligée aux persécuteurs de sa jeunesse.

Qui a oublié ce martyr de l'indépendance italienne, pendant 9 ou 10 ans prisonnier de l'Autriche au Spitzberg et compagnon d'infortune du célèbre Silvio Pellico et de l'illustre comte Confalonieri ?

C'est à Milan que notre compatriote Andryane, arrêté en 1824, comme *carbonaro*, par la police autrichienne, fut condamné à mort. Sa peine, commuée d'abord en celle des galères à perpétuité, fut ensuite changée en une détention (*carcere duro*), qui dura de 1825 à 1832 inclusivement (1). Ce noble captif avait souffert toutes les tortures morales de la prison. Il resta étranger à la politique, lors de sa rentrée en France due à l'intercession de sa vertueuse belle-sœur auprès de l'empereur d'Autriche; mais lors du dernier appel de l'Italie pour laquelle il avait déjà prodigué sa liberté et sa fortune dans d'autres temps, il offrit aussi ses derniers efforts. Il a vu triompher la liberté à Milan où il est mort au commencement de 1860, à l'âge de 61 ans.

Je devrais peut-être arrêter là ma narration, puisque personnellement je fus forcé de séjourner à Milan, et de n'être plus témoin oculaire des évènements qui suivirent, mais puis-je arriver si près du dénouement du drame sanglant joué en Lombardie sans rappeler mes souvenirs et mes notes extraites des bulletins de l'armée ?

Je vais donc hasarder un dernier article.

VI.

On sait qu'après la victoire de Magenta, l'Autriche abandonna successivement Plaisance, Brescia, Crémone, Ancône, Ferrare et les Etats-Romains. L'empereur François-Joseph vint prendre en personne, le commandement de son armée. Il se retrancha à Cavriana, en deçà du Mincio, à portée des places fortes de Peschiera, de Vérone, de Mantoue et de Legnano.

Le 12 juin, Napoléon III transporta son quartier général à Gorgonzola; l'armée sarde franchit l'Adda, et le 24 juin s'engagea cette bataille gigantesque, cette lutte de Solférino,

(1) Voir les Mémoires d'un prisonnier d'Etat au Spitzberg, in-8, Paris 1837-1838.

la plus terrible, peut-être, des temps modernes, où 400,000 combattants se heurtèrent pendant 16 heures.

Il était deux heures du matin lorsque nos troupes prirent l'offensive; elles s'ébranlèrent de toutes parts, et dès cinq heures le bruit du canon résonnait déjà dans la plaine.

L'armée autrichienne, renforcée des garnisons voisines, put mettre 250,000 hommes en bataille sur une étendue de terrain de 40 kilomètres.

L'Empereur des Français avait ordonné à l'armée royale de se porter sur Pozzolengo. Le maréchal Baraguay-d'Hilliers devait occuper Solférino; le maréchal Canrobert, le village de Médole; le maréchal Mac-Mahon, Cavriana, et le général Niel, Guidizzolo. La Garde impériale devait s'avancer sur Castiglione, et les deux divisions de cavalerie de ligne tenaient la plaine entre Solférino et Médole.

La bataille devint bientôt générale. — Arrivé au pied du village de Solférino défendu par des forces considérables retranchées dans un vieux château et dans un grand cimetière dont les murs étaient crénelés, le maréchal Baraguay-d'Hilliers avait lancé ses troupes mitraillées et exténuées de chaleur; elles avançaient lentement. L'Empereur fit alors, approcher les divisions Forey et Camou, les voltigeurs, les chasseurs et l'artillerie de la Garde. Cette manœuvre décida du succès. Les mamelons environnant Solférino furent enlevés l'un après l'autre et à trois heures et demie du soir, les Autrichiens se retiraient de toutes parts.

Chaque corps de l'armée française avait battu l'ennemi qui lui était opposé, après une résistance des plus opiniâtres.

La lutte, un moment suspendue par une tempête effroyable, avait repris, après l'orage, avec plus de fureur, et bientôt le feu de l'artillerie de la Garde changeait la retraite de l'ennemi en une déroute complète.

A six heures du soir, la victoire était assurée. Les Autrichiens repassaient le Mincio. Ils abandonnaient toutes les positions formidables qu'ils avaient préparées sur la droite du fleuve.

L'armée autrichienne perdit environ 20,000 hommes morts et 7,000 prisonniers : l'armée sarde 6,000 morts et la nôtre 12,000 hommes tués. Total 38 à 40,000 combattants laissés sur le champ de bataille.

Après tant de sang versé, la paix devenait le premier et le plus cher désir de l'empereur Napoléon. Aussi; après l'armistice du 8 juillet, survinrent les préliminaires de la paix de Villa-Franca annoncés bientôt à l'Europe entière, par l'ordre du jour daté de Valeggio, le 12 du même mois.

Comme à Novare, j'ai vu accueillir à Milan, avec le même empressement et le même dévouement, ces nombreux convois de blessés venant peupler les hôpitaux de la grande cité. — Que de familles ont admis dans leurs foyers ces soldats mutilés, quelle que fût la couleur de l'uniforme ! — On ne peut assez le répéter, ni le proclamer assez haut, si le sacrifice humain fut grand pour la cause de l'indépendance italienne, du moins, la reconnaissance sincère du peuple italien s'est-elle toujours manifestée dans ce que ce sentiment offre de plus élevé et de plus sublime !

Citons un trait de charité entre mille, dû à la plume de M. Saint-Marc Girardin :

« L'une des grandes dames de Milan, portant un nom his-
« torique, avait mis à la disposition des blessés, un de ses
« palais avec 150 lits. Parmi les soldats logés dans ce magni-
« fique palais se trouvait un grenadier du 70ᵉ régiment de
« ligne, qui, ayant subi une amputation, était en danger de
« mort. Cette dame, cherchant à consoler le blessé, lui
« parlait de sa famille, et celui-ci racontait qu'il était le fils
« unique de paysans du département du Gers, et que tout
« son chagrin était de les laisser dans une profonde misère,
« puisque lui seul aurait pu pourvoir à leur subsistance. Il
« ajoutait que ç'aurait été, pour lui, une bien grande conso-
« lation d'embrasser sa mère avant de mourir. La grande

« dame, sans lui communiquer son projet, se décida subite-
« ment à quitter Milan. Elle monta en chemin de fer, se
« rendit dans lé département du Gers, auprès de cette fa-
« mille dont elle avait su obtenir l'adresse, s'empara de la
« mère du blessé, après avoir laissé 2,000 francs au vieux
« père infirme, emmena la pauvre paysanne avec elle à M-
« lan, et six jours après la conversation de cette dame avec
« le grenadier, le fils embrassait sa mère en pleurant et en
« bénissant sa bienfaitrice. »

Resté à Milan pendant le temps de l'occupation française,
après la bataille de Solférino, je n'ai pas assisté aux ova-
tions faites en France, à nos vaillants soldats, lorsqu'ils ren-
trèrent sur le sol de la patrie, du 16 au 20 juillet 1859 ; mais
leurs marches au retour, furent partout triomphales en
Lombardie.

Il a suffi de deux mois seulement pour enlever cette pro-
vince à l'Autriche ! Elle fut cédée par la France à la Sardaigne, après le traité de paix de Zurich, du 6 août 1859.

Cette glorieuse campagne qui a fondé la liberté italienne,
sera certainement un des plus beaux titres de gloire de Napoléon III. Ce sera aussi l'éternel honneur du règne de
Victor-Emmanuel II, d'avoir entrepris, comme son père,
mais plus heureusement que lui, de débarrasser l'Italie de
l'oppression autrichienne.

Ce prince, dont la popularité est immense, est né le 14
mars 1820. Il a la démarche fière, l'allure décidée, toute
militaire, il est brave, affable, facile à aborder. Il a l'œil ardent et bienveillant. On dit que l'expression dans son lan-
gage, est toujours heureuse et ne manque pas d'élégance.

Laissons à l'histoire le soin de le juger ; mais pour ceux
qui l'ont vu commander ses troupes, respirant librement au
milieu des dangers et devant la mort, ils peuvent garder son
image dans leur mémoire, comme celle de la personnification
de la bravoure.

En quittant Milan, pour revenir en France, je visitai Gênes

et Turin. Ces deux belles villes ont été si souvent décrites que je ne les cite que pour mémoire. Cependant, je ne puis omettre qu'en visitant les appartements du Palais royal de Turin, je remarquai une porte vitrée en glaces, conduisant à un oratoire. Les panneaux de cette porte étaient incrustés de médaillons peints sur bois représentant les ancêtres des princes de la maison de Savoie. Je cherchai ceux de Philibert II, dit *le Beau*, et de Marguerite d'Autriche reconnaissable à la couleur de ses cheveux *aurains*; les inscriptions ne me laissèrent aucun doute sur l'authenticité de ces portraits. Je résolus de faire copier celui de la fondatrice de l'église de Brou (1).

J'admirai aussi, dans l'église Saint-Jean contiguë au château, la statue de la vertueuse princesse Adélaïde-Françoise-Marie Regnier, femme de Victor-Emmanuel, décédée à Turin, le 20 janvier 1855, et fille de l'archiduc Regnier d'Autriche. Je me dis que n'assistant pas, de nos jours, à l'abaissement de la maison d'Autriche qui a reçu un coup si fatal dans son orgueil, Dieu a voulu épargner à cette princesse une amère douleur. — C'est un monument moderne de la plus rare beauté. On affirme que cette statue est d'une fidèle ressemblance.

Le palais situé sur la place du Château était, en 1859, remarquable par ses richesses artistiques.

Parmi les objets précieux qui s'y trouvaient, il existait une riche galerie de curiosités égyptiennes, la plus complète peut-être qui fût en Europe. Charles-Félix l'acheta, en 1823, du chevalier piémontais Drovetti, alors consul de France auprès du vice-roi d'Egypte. On y voyait plusieurs statues des

(1) Cette copie scrupuleusement exécutée par le peintre Roggieri, de Turin, en 1866, a servi de modèle à M. Hillemacher, graveur à Paris, pour orner notre publication *de l'église de Brou et de ses tombeaux*, in-18, Lyon, Scheuring, éditeur, 1867.

3

anciens Pharaons, des sarcophages renfermant des momies bien conservées, une belle collection de papyrus, des vases de toutes grandeurs et de toutes formes. Ce qui frappa plus particulièrement mon attention fut la *salle d'armes*, où se dressaient des guerriers du moyen-âge tout bardés de fer, quelques-uns montés sur leurs palefrois, prêts à entrer en lice.

A côté de ces splendides armures d'un autre temps, j'aperçus, sous un verre, reposant sur un coussin de velours, une épée ayant appartenu à Napoléon Ier. — Comment se trouvait-elle là? Nul ne put le dire; mais je restai vivement ému du soin religieux avec lequel on conservait cette précieuse relique.......

Rentré à Lyon, j'ai, depuis, reporté souvent mon souvenir sur ces milliers d'hommes tombés sur ces champs de bataille de l'Italie, pour une de ces causes qui intéressent les masses et qui sont si étrangères à l'individu. Dans le calme de la pensée et selon le désir de mon cœur, j'ai souvent maudit ces luttes politiques, ces commotions convulsives des nations armées les unes contre les autres. Que de fois ai-je gémi sur la perte irréparable de ces compagnons d'armes, de ces nobles enfants morts pour la gloire de notre patrie (1)? N'arrivera-t-il donc pas un jour où les peuples seront frères et se tendront amicalement une main secourable exempte de toute souillure de sang?

Il faut croire à l'émancipation future de l'intelligence des nations par les bienfaits de la paix ; mais s'il faut encore combattre pour cet avenir, soyons prêts, soyons forts....

(1) **Mon fils Alphonse Dufay**, né à Bourg, le 25 juillet 1831, officier d'administration des subsistances militaires, gestionnaire de la place de Léon, est mort à Guarajuato, le 28 novembre 1864, pendant la dernière expédition française au Mexique, victime des fatigues de la guerre et de l'inclémence d'un climat brûlant.

Raynal a dit : « On ne prononce jamais le beau nom d'indépendance sans être remué. » J'ajouterai que les moyens les plus prompts, comme les plus hardis, pour obtenir ce bien précieux, sont encore les plus sages.

127

www.ingramcontent.com/pod-product-compliance
Lightning Source LLC
LaVergne TN
LVHW020446060726
842525LV00005B/1568